AF542931

ÉLOGE FUNÈBRE

DE S. É. Mgr

LE CARDINAL JOSEPH BERNET,

ARCHEVÊQUE D'AIX, D'ARLES ET D'EMBRUN,
Chanoine d'honneur du Chapitre Royal de St-Denis, Commandeur de l'ordre royal de la Légion d'Honneur, et Comte romain;

PRONONCÉ DANS L'ÉGLISE MÉTROPOLITAINE D'AIX, LE 4 AOUT 1846,

PAR M. L'ABBÉ REYNAUD,
CHANOINE DE LA MÉTROPOLE, THÉOLOGAL DU CHAPITRE.

AIX,
Vitalis, imprimeur de l'Archevêché, rue Pont-Moreau, 2.

1846.

ÉLOGE FUNÈBRE

De Son Éminence Monseigneur

LE CARDINAL BERNET.

Justus autem ex fide vivit.
Le Juste vit de la foi.
(S. PAUL aux Rom. ch. 1. 8. 17.)

MONSEIGNEUR (*),

Si le monde avait à louer ici un des siens, vous le verriez chercher ses inspirations dans le génie, dans les talents sublimes, dans les hauts faits de son héros. La Religion, sans mépriser les sources où le monde puise ses éloges, est heureuse de pouvoir puiser les siens dans une source plus pure et plus certaine. Une vie rapportée à Dieu, une vie consacrée aux intérêts de la Religion, une vie de foi est toujours une vie assez pleine, assez belle, assez grande pour mériter des louanges et les justifier. Et telle fut la vie d'Éminentissime Monseigneur le Cardinal BERNET, Archevêque d'Aix, d'Arles et d'Embrun, Chanoine d'honneur du Chapitre royal de St.-Denis, Commandeur de l'ordre royal de la Légion d'honneur, et Comte Romain, dont l'ame a quitté la terre, et dont le corps est aujourd'hui présenté pour la dernière fois à notre durable vénération et à notre douleur toujours nouvelle.

Nous pouvons dire qu'il a, selon l'oracle sacré, vécu de la foi, que la foi a rempli sa vie, qu'enfin la foi l'a fait tout ce qu'il a été : *Justus autem ex fide vivit.* C'est là l'idée qu'il

(*) Mgr. Rey, ancien Évêque de Dijon.

faut avoir de lui lorsqu'on jette un coup-d'œil sur sa vie si occupée, si active, si exclusivement vouée au ministère sacerdotal; quand on le considère soit comme simple lévite, soit comme prêtre, soit comme Évêque; et quand on le voit passer si providentiellement par tous les degrés de l'échelle hiérarchique et en atteindre le sommet glorieux.

Et certes, condamnés que nous sommes à pleurer en lui notre Pasteur, c'est pour nous une douce consolation de pouvoir célébrer devant Dieu et devant les hommes une mémoire qui, comme on le verra, honore la Religion et l'humanité!

J'avoue pourtant que j'hésitais à en accepter la tâche. Je sentais en moi un combat, un combat entre mon désir et ma faiblesse, entre la reconnaissance de mon cœur et l'embarras de mon incapacité. J'ai dû me rassurer par la pensée que si, en louant le Cardinal Bernet, j'ai lieu de craindre de ne savoir donner de l'intérêt à la forme, je n'ai pas à craindre au moins d'offrir, dans le fond, à vos regards, une existence incapable de vous intéresser.

L'éloge que vous allez entendre, Mes Frères, est le récit simple et naïf d'une vie qui présente naturellement deux phases, une phase de difficultés et une phase plus heureuse.

I.

Quand je pourrais louer dans un Pontife du Christianisme une naissance illustre, un nom rendu glorieux par une longue suite de nobles ancêtres, je ne le ferais pas auprès d'un cercueil. Car que devient, sous l'empire lugubre de la mort, ce que le monde appelle gloire, noblesse, illustration? Et quelle idée vous donnerait de lui notre ministère, s'il permettait à ceux qui le remplissent de faire ressortir comme digne de votre admiration ce qu'il a mission de vous représenter chaque jour comme *la vanité des vanités* (1)? La noblesse de la vertu, qu'un S. Père appelait si bien *la noblesse personnelle* (2), n'é-

(1) Eccle. I. 2.

(2) S. Greg. Nazianz. orat. 28.

lève-t-elle pas assez un homme sans l'intervention de la noblesse du sang? et la grandeur puisée dans la foi n'est-elle pas pour une vie une assez belle couronne? D'ailleurs, pourrait-on parler du prêtre comme on parle des autres hommes? et l'aurait-on loué beaucoup après avoir dit de lui : Il fut grand par le nom?

Le Cardinal Bernet fut grand par la foi.

Venu au monde à l'époque où les doctrines chrétiennes subissaient les attaques d'une philosophie dont le trop illustre chef vivait encore (*), le jeune Joseph trouve d'heureux préservatifs dans les leçons et les exemples d'une famille patriarcale. Je ne veux, pour attester la piété de son enfance, que les paroles que prononça sur sa tête de neuf ans sa mère mourante. Cette religieuse mère veut donner à ses enfants, avec le dernier baiser de sa tendresse, les derniers avis de sa sollicitude. Cinq petits enfants l'entourent, et son cœur a pour chacun des paroles particulières. « Pour vous, dit-elle en étendant vers le jeune Joseph sa main défaillante, « Dieu vous « donnera ses soins. »

Ah! si cette mère ne voyait pas se développer dans le cœur et les habitudes de son fils le germe d'une piété précoce, serait-elle aussi calme, aussi heureuse en le bénissant? Ne pleurerait-elle pas sur lui, sur son enfance qu'elle ne guidera plus, sur son avenir qu'elle ne peut prévoir? Mais elle a remarqué que cet enfant aime Dieu et que sa volonté est constante : et son cœur lui dit que c'est là un titre à la protection du ciel. Et l'enfant n'oubliera jamais la formule chérie de cette bénédiction tombée d'un lit de mort sur son berceau. C'est qu'il y a quelque chose de si divin, de si sacré dans les dernières effusions du cœur maternel! et il n'est pas étonnant qu'un enfant bien né les garde et les révère comme des inspirations célestes.

Le temps marche. Il est une heure de la vie où l'homme pense, considère, réfléchit et se décide. Quand elle est arrivée pour le jeune Bernet, son esprit et son cœur se fixent sur le

(*) Il naquit à Saint-Flour le 4 septembre 1770.

sacerdoce, et il fait, dans son pays qu'il édifie, les études préparatoires.

Il fallait en faire d'autres.

Vous savez que la capitale renferme dans son sein une école théologique, qui, depuis deux siècles, glorifie non seulement l'Église de Paris, mais encore toute l'Église de France. Sans nommer celles de nos célébrités contemporaines qui sont sorties du séminaire St-Sulpice, on a, je pense, jeté sur son nom un assez beau lustre, quand on a cité Fénélon. Laissez-moi appeler heureux les lévites à qui n'est pas refusé le précieux avantage d'aller puiser dans ce saint asile des connaissances que tous n'ont pas le temps d'acquérir dans un cours ordinaire.

Le jeune Bernet aspire à ce bonheur ; il l'obtient, et il part. L'année est trop remarquable pour n'être pas citée : c'est en dix-sept cent quatre-vingt-dix.

Dix-sept cent quatre-vingt-dix ! Jeune imprudent, que faites-vous donc ? Déjà ne sentez-vous pas la terre trembler sous vos pieds ? N'entendez-vous pas je ne sais quel bruit sourd qui annonce des jours de mort ? Ne distinguez-vous pas les cris souterrains de cette impiété organisée, qui, peu contente d'avoir affaibli par ses discours et ses livres l'empire de la Religion, rêve dans son impatience l'affreux dessein de l'anéantir par les supplices ?

De telles considérations pouvaient agir sur des ames d'une trempe commune et vulgaire. Une de ces vocations faiblement conçues, nées de l'homme, et qu'on peut nommer plutôt un essai de vocation qu'une vocation même, aurait assurément pâli. On vit alors, on a vu depuis des exemples de cette pusillanimité dont, après tout, le sacerdoce ne murmure point ; car elle sert le sacerdoce en éloignant de lui des hommes incapables de l'honorer. Mais une vocation que Dieu même a formée dans un homme de foi, dans une ame forte, se joue des difficultés, se consolide même par les épreuves, comme l'arbre vigoureux qui pousse plus profondément ses racines sous l'action des vents qui l'agitent. Le jeune Bernet n'a pas peur des sombres nuages qui se lèvent. Que dis-je ? il quitte une contrée simple et paisible, pour accourir sous un ciel où les tempêtes se centralisent et peuvent éclater plus tôt.

En effet, depuis deux ans dans la retraite, il vivait étranger au bruit que font les hommes, n'entendant que la voix de Dieu et de ses maîtres, n'ayant devant lui qu'un seul but, le sacerdoce, auquel il préludait par les graves exercices de l'étude et de la ferveur, lorsque l'orage révolutionnaire, comprimé long-temps, éclate tout-à-coup. Les pensées des méchants ont prévalu : des mains sanguinaires ont saisi le pouvoir ; la foi chrétienne est persécutée ; il est solennellement défendu à Jésus-Christ d'avoir des prêtres ; et le clergé ne rencontre partout que des bourreaux, des cachots et la mort. Les saints autels sont brisés, le sacrifice aboli, les temples fermés, ou profanés, ou démolis. Les séminaires, interdits de par la loi, voient chassées de leur sein et dispersées çà et là les pierres qui y étaient façonnées pour le sanctuaire ; et l'Église de France n'a plus qu'à couvrir d'un voile funèbre sa face défigurée.

Or, M. F., c'est dans les guerres périlleuses que se font distinguer les vaillants et les lâches. C'est au passage d'un torrent et en allant à l'ennemi que Gédéon connut les guerriers qui l'accompagneraient au combat (1). Presque tous les aspirants de St.-Sulpice fléchissent, et sacrifient à un désastre leurs désirs et leurs espérances déconcertés. L'abbé Bernet reste fidèle ; et s'il est forcé de s'arracher à son asile, il aura du moins la gloire d'en sortir le dernier.

Il sort ; mais il veut être prêtre. Il assiste aux sanglantes scènes de *septembre ;* il voit égorger sous ses yeux des prêtres, des pontifes, des religieux ; il voit entasser encore palpitants les corps des victimes des *Carmes :* et la vue de ces nouveaux martyrs ne fait qu'exalter son désir d'être prêtre.

Son père l'apprend ; et ce père si franchement catholique, si éminemment pieux, qui céderait avec joie son fils à un sacerdoce heureux et respecté, désapprouve momentanément une détermination qui, à cause du malheur des temps, lui paraît téméraire. S'il ne confiait qu'à la Religion ses sollicitudes de père, la Religion lui dirait que son fils est moins à lui qu'au Dieu qui le

(1) Judic. 7.

lui a donné; que dans les principes de l'éternité les réclamations humaines sont nulles devant la vocation divine ; que d'ailleurs les persécutions sont rarement un malheur et toujours une gloire pour le sacerdoce ; et que si le dévoûment de son fils en fait une victime, la mémoire d'un fils devenu martyr lui sera plus douce que la conservation d'un enfant infidèle.

Mais la nature parle haut dans les entrailles d'un père ! Et la nature dit au père de l'abbé Bernet que ce fils, premier gage d'une première union, en devenant prêtre parmi de si grandes tempêtes, sera bientôt sans doute à tout jamais perdu pour lui.

L'abbé Bernet *n'acquiesce pas à la chair et au sang* (1). Il est libre encore, il est jeune, il est seul, il est abandonné, il est pauvre. N'importe ! il veut être prêtre. Sa foi soutiendra son courage. Il sait qu'il ne lui sera pas envoyé des épreuves supérieures à ses forces, et qu'il faut que les desseins de Dieu s'accomplissent. Quelle est donc, M. F., cette constance qui ne faiblit ni devant la nécessité de fuir et de se cacher, ni devant le spectacle permanent des massacres publics, ni devant les dégoûts de l'isolement, ni devant les plus déchirantes incertitudes de l'avenir, ni devant les horreurs plus insupportables encore d'une détresse contre laquelle il faudra lutter? Ah ! ne conviendrons-nous pas que c'est là la constance d'un homme inébranlablement uni à Dieu? Et plus tard cet homme parlait avec une sorte de bonheur de ces jours qui furent si mauvais pour lui ; et il semblait dire que la gloire donnée par la misère à cette époque de sa vie était loin de le céder, dans son cœur, aux distinctions que lui avaient apportées depuis des fortunes plus riantes !

Cependant, pour pouvoir attendre sans mourir, il ouvre une école, se fait précepteur, et se trouve heureux de remplir déjà, au milieu des enfants confiés à ses soins, le ministère de catéchiste et d'apôtre. Peu s'en faut même que sa vertu ne lui fasse cueillir, dans cette humble position, une palme de martyr, un jour qu'un chef de club le somma d'assister, avec ses élèves, à l'infernale fête de l'horrible Marat. Vénéré Prélat, nous aimions à vous entendre redire et l'effrayante audace du déma-

(1) Gal. I. 16.

gogue qui se présenta devant vous, et l'intrépidité de votre refus, et votre assurance devant ses sanguinaires menaces, et comment votre vertueux courage finit par toucher le cœur du monstre et vous gagner la confiance et l'affection de celui qui avait osé vous proposer un crime ! Et c'est ainsi qu'à l'âge de vingt-trois ans vous prouvâtes, par un acte digne des Basile et des Ambroise, que vous pouviez, un jour, honorer comme eux le nom d'Évêque !

Enfin le moment est venu où, au milieu de la nuit, dans un réduit obscur, à la lueur de quelques pâles flambeaux, comme dans une des catacombes des premiers siècles, entouré de mille dangers, *au pied de l'échafaud,* ainsi qu'il parlait lui-même, mais aussi dans tous les transports d'une vive joie, l'abbé Bernet reçoit l'onction de prêtre; et voilà que va s'ouvrir à son zèle et à son activité une nouvelle carrière de difficultés, de luttes et de triomphes.

Qu'à la faveur d'une lueur de liberté apparue un instant sur la France, il soit envoyé dans une paroisse voisine de Paris (*): il y va sans délai, faiblement protégé par une loi dont l'appui ne lui est pas assuré, et qui peut l'abandonner aux répulsions et aux violences d'une multitude grossière et méchante, d'une multitude à qui l'on a dit *qu'elle peut tout oser et qu'elle sera soutenue.*

Que la prudence lui observe que les lois changent vite dans les antres de l'anarchie, et qu'une ordonnance de liberté timidement proclamée la veille, peut, le lendemain, être abolie par une proclamation de sang : *J'ignore,* dit-il avec S. Paul, *ce qui m'arrivera; et je sais que des chaînes et des tribulations m'attendent* peut-être; *mais je ne les crains pas; et je ne préfère point ma vie au bonheur de consommer ma course en remplissant le ministère que j'ai reçu du Seigneur Jésus* (1).

Que le chef de la Commune, furieux de sa présence, s'irrite, l'insulte, et le menace d'une honteuse expulsion : le jeune prêtre soutient intrépidement la lettre de la loi, arrache à l'athée

(*) Antony.

(1) Act. 20.

les clés du temple, y rassemble solennellement les fidèles, et du haut de la chaire, dont l'impiété avait fait sa tribune, il annonce hardiment que ce temple redevient la Maison de Dieu, et que le bercail a un pasteur.

Qu'après deux années de soins assidus prodigués à son heureux troupeau, l'on vienne lui demander un serment qui doit répugner à toute ame évangélique : il étonne par sa résistance les envoyés des tyrans, et leur a bientôt prouvé que, *quand mille* Prêtres *à sa gauche, et dix mille à sa droite tomberaient* dans le malheur d'une pareille lâcheté, l'abbé Bernet serait inébranlable et ne jurerait pas.

Est-il forcé de céder à ce nouvel orage? du moins il cède en vainqueur ; et dans sa glorieuse retraite il emporte le prix le plus doux que le ciel puisse accorder à l'ame du bon pasteur, l'affection de sa paroisse, le sentiment des fruits que son application y a faits, et le souvenir des vifs regrets qu'il y laisse.

L'épreuve est pourtant bien grande pour lui ! Car il est une espèce de zèle qui appelle essentiellement le travail, qui craint moins les outrages que l'inaction, et qui trouverait les plus pesantes chaînes plus légères qu'un tranquille repos.

Pour échapper à ce supplice, l'abbé Bernet, conduit par la Providence plutôt que par sa propre volonté, s'en va fonder à Orléans un établissement d'éducation. Vous savez, M. F., que les grandes révolutions, qui ne passent que pour amonceler des ruines, se chargent spécialement de laisser tomber sur l'enseignement public des paroles de mort, et que surtout là où arrive le souffle de leur bouche empoisonnée, l'enseignement chrétien est condamné à recevoir des fers et à se taire longtemps. Honneur et gloire donc *aux hommes de désirs* (1), qui, après avoir donné leurs larmes au tombeau de l'éducation abandonnée, emploient à la faire renaître le feu sacré que la foi allume dans leur ame !

L'abbé Bernet se fait, à Orléans, le premier de ces bienfaisants régénérateurs, en ouvrant une maison où la langue du Ciel et de l'Église retentit enfin, parmi plus de cent élèves, avec la

(1) Dan. 9. 23.

langue de Virgile et de Cicéron. Et longtemps les grandes familles d'Orléans le bénissent de son dévoûment pour leurs enfants ; et les enfants eux-mêmes le bénissent longtemps de la conservation de leur foi et de leurs mœurs.

M. F., j'ai dit la phase de la vie du Cardinal Bernet que j'appelais une phase de difficultés. Les épreuves sont constantes sous les pas de l'homme qui marche sur la terre; et quand elles pourraient quelquefois cesser pour les simples fidèles, elles ne doivent jamais cesser pour le prêtre. Le prêtre n'ignore pas qu'en tenant d'une main le calice de Jésus-Christ, de l'autre il tient celui de ses propres amertumes, et qu'il doit *mourir chaque jour* avec la divine victime qu'il immole. Mais ce que nous avons raconté nous apprend que la mesure des épreuves qui nous sont réservées ici-bas a des inégalités frappantes, et qu'il est des existences dans lesquelles le Dieu rédempteur semble avoir mis, avec une sorte de prédilection, les complaisances de sa croix.

Les destinées de l'abbé Bernet vont maintenant changer ; mais les dispositions de son ame ne changeront point ; et dans quelque état que nous ayons à le considérer encore, c'est toujours l'homme de Dieu, toujours le prêtre guidé et soutenu par la foi.

II.

Le Dieu qui frappe est aussi un Dieu qui guérit (1); sa main, qui sait, quand il le faut, *nous conduire aux abîmes*, connaît aussi le moment *de nous en faire revenir* (2) ; et pour l'accomplissement de ses adorables conseils tous les instruments sont bons à sa sagesse. Il met au cœur d'un jeune conquérant de laisser un instant les guerres lointaines, pour venir, muni du seul titre de la victoire, pacifier son pays et y enchaîner le démon de l'anarchie. C'est alors, M. F., que l'on voit l'Église de France renaître de ses cendres, et acheter un peu de liberté

(1) Deut. 32. 39.
(2) 1. Reg. 2. 6.

par la promesse d'oublier d'inexprimables tortures. Les temples s'ouvrent; les souterrains rendent leurs vénérables captifs; l'exil nous renvoie nos confesseurs fidèles ; et il est permis au prêtre d'être ouvertement l'homme de l'Église et de l'être partout.

L'abbé Bernet, sollicité par la confiance de l'Évêque d'Orléans, s'arrache à ses élèves, et partage, durant quatorze ans, le ministère pastoral dans cette ville. Voyez-le accepter avec une nouvelle ardeur les travaux que sa nouvelle position lui présente ! Il ne faut pas se dissimuler qu'après les jours d'orage le terrain offre plus de difficultés aux ouvriers chargés de le cultiver. Les torrents ont creusé des ravins qu'il faut combler, ont formé des montagnes qu'il faut abaisser. Que de prudence il faudra pour être tout à la fois zélé et discret, ardent et modéré ! Que de lumières pour dissiper de profondes ténèbres ! Que de patience pour semer peut-être bien longtemps sans recueillir ! Que de miséricorde pour voir avec douceur et panser sans les aigrir des plaies si nombreuses et si vastes !

Que l'abbé Bernet possédât ces qualités précieuses que demandent du prêtre les circonstances difficiles, c'est ce qu'atteste la position morale qu'il sut se faire et se conserver dans Orléans. Par quels titres donc aurait-il conquis cette confiance que la population lui accordait presque exclusivement? Qu'est-ce donc qui lui aurait valu ce culte d'estime et d'affection que ne cessèrent de lui rendre et les rangs élevés et les conditions populaires ? Je n'ignore point que c'était là comme une couronne publiquement offerte à son passé, et que les Orléanais aimaient à marquer, par les hommages rendus à l'abbé Bernet, le prix qu'ils attachaient à l'intégrité sacerdotale. Mais il y a justice à dire qu'ils honoraient aussi en lui le Prêtre toujours égal à ses grands devoirs, le Prêtre toujours éminemment Prêtre.

L'Empire finit. Quand la Providence a terminé son œuvre, elle en laisse tomber l'instrument. Et l'instrument a beau se débattre ! si la Providence n'en veut plus, il ne se relève pas.

Or, à Saint-Denis, tombeau des rois, s'élève une antique abbaye, où le chef de l'empire avait, vers le milieu de son règne, fondé un pensionnat ouvert aux filles de ses plus braves et plus fidèles guerriers. Il est facile de concevoir l'explosion des regrets et des plaintes qui éclatèrent, à la chute du grand Capitaine, dans une maison dont la reconnaissance avait dû lui attacher tous les cœurs. Tout ne va-t-il pas être en feu au milieu d'une jeunesse toujours si vive et si enthousiaste dans ses douleurs comme dans ses joies ? Plus de vigilance de la part des maîtresses ; plus de subordination de la part des élèves. L'esprit de parti semble avoir subjugué dans les unes et les autres l'esprit de foi ; et la piété, la discipline et le travail ont fait place à un perpétuel mouvement d'irritation et de révolte.

Pour sauver d'une désorganisation complète ce noble établissement, faudra-t-il que le prêtre qui sera mis à la tête de la direction religieuse, sache unir au bon sens et à la fermeté de l'homme l'indulgence et la bonté de l'apôtre ?

Le Grand Aumônier de France connaît l'abbé Bernet, et c'est à lui qu'il s'adresse. Il est dans les habitudes de la présomption de regarder fièrement les fardeaux les plus onéreux, et de se dire : je peux les porter. Le vicaire d'Orléans considère le fardeau qu'on lui présente, et il en comprend la pesanteur et les périls. Il trouve un plus grand obstacle encore dans sa jeunesse ; et, effrayé devant un pas si glissant, il porte aux pieds de l'autorité qui l'appelle l'humble expression de ses appréhensions sincères. Le Grand Aumônier l'écoute et l'encourage. L'abbé Bernet se défend de nouveau ; et il ne sacrifie qu'à un formel commandement du Roi les répugnances et les hésitations de son cœur.

Dieu bénit l'effort de son obéissance en attachant à sa parole le don de calmer sur-le-champ l'effervescence des esprits, de rendre les cœurs à la piété, et de restaurer les droits longtemps méconnus de la discipline et de la règle. Abbaye de St.-Denis, nous savons que tu n'as cessé de redire les prodiges que son zèle aussi ingénieux qu'infatigable opéra dans tes murs, et que tes murs retentiront long-temps encore des louanges que l'affection et la gratitude y ont vouées à son nom !

Quatre années de travaux et de succès sont, aux yeux du Roi, un titre à une récompense, et l'aumônier de l'Abbaye est fait Chanoine titulaire du Chapitre Royal. — Titre brillant et flatteur ! mais qui le réduit à un repos qui va mal à l'activité de son ame. Il ne le garde qu'un an ; et ce court intervalle est signalé par une circonstance qui honore trop le Chanoine de St.-Denis, pour que nous la taisions.

Il y avait six ans qu'un Empereur vaincu expiait dans une île éloignée, au bruit de ses souvenirs et des vagues de l'océan, le crime d'avoir aimé la domination, les conquêtes et la gloire. Déjà la maladie le saisissait ; et son génie, qui lui avait menti rarement, ne lui dissimula point les approches de sa mort. Son ame, qui n'avait jamais douté de Dieu, comprend que Dieu seul peut, en ce moment suprême, lui donner la paix et l'espérance. Il demande un prêtre, et il veut que ce prêtre soit un Français. L'abbé Bernet est désigné pour cette mission singulièrement importante, par le Grand Aumônier de France qui était aussi le Primicier du Chapitre Royal.

Mission singulièrement importante : car vous convenez , Mes Frères , que toute parole n'est pas faite pour arriver au cœur de tout homme également touchante et persuasive ; et que, quoique les grands revers débarrassent naturellement une ame de l'empire de la suffisance , il est impossible de ne pas regarder comme délicate la contenance d'un prêtre français auprès de Napoléon mourant. Il faudra savoir distraire l'orgueil de l'homme par les inspirations de l'humilité chrétienne. Il faudra savoir faire oublier bien des gloires et faire déplorer bien des erreurs et des fautes. En un mot, il faudra savoir parler à un dieu de la terre le langage du Dieu du ciel; et, tout en lui prêchant le repentir, ne laisser entrevoir que miséricorde et pardon à un potentat qui s'en va mettre dans la balance de la souveraine justice les mystérieuses destinées d'une grande vie.

Tâche difficile ! on ne saurait le nier. Oui, tâche difficile ! mais que l'on ne trouva point supérieure au zèle et à la prudence de l'abbé Bernet, qui l'accepta , et qui préparait son départ, quand la France apprit que l'immortel exilé avait cessé de vivre.

Vous présenterai-je maintenant l'abbé Bernet à la tête d'une des premières paroisses de la capitale (*), ne cessant, pendant six années, de verser sur les fidèles les trésors de son dévoûment et de son expérience ; occupant presque seul la chaire de son église ; adoptant, pour combattre plus efficacement le mal de l'ignorance, le système trop souvent négligé d'un plan simple, méthodique et complet d'instruction religieuse ; se faisant ainsi et l'apôtre de ses paroissiens et le modèle de ses collaborateurs? Admis dans les plus hautes familles, qui l'honorent, s'honorant elles-mêmes de le recevoir, ne craignons pas qu'il soit capable d'y compromettre jamais ni la dignité du pasteur, ni la sainteté de son ministère sacré. Il saura même, quand il le faudra, y parler de Dieu devant l'assemblée des hommes ; et il sera donné à sa parole de n'être pas toujours infructueuse dans ces entretiens particuliers ; car il aura la consolation de ramener aux pratiques chrétiennes des hommes éminents qui vivaient en impies, et de gagner aux croyances et à la piété catholiques une hérétique d'un nom connu.

Je ne parle point de l'admirable sévérité de ses mœurs : ceci ne doit rien ajouter à l'éloge du prêtre. Je ne parle point de sa piété exemplaire : je me contente de dire qu'à Paris, comme à St.-Denis, il était surnommé *Le fort d'Israël*, et que l'illustre de Quélen, son archevêque, le citait entre ses pasteurs les plus accomplis.

M. F., lorsqu'on envisage cet ensemble de quarante années de vertus et de travaux, a-t-on de la peine à concevoir que l'abbé Bernet soit désigné pour l'épiscopat ?

D'abord évêque de La Rochelle (**), il porte sur ce siége, avec toute l'édification du pontife, la sollicitude de l'apôtre, la vigilance du pasteur, la sagesse de l'administrateur habile, et surtout l'exacte piété du prêtre. C'est dès son entrée dans l'épiscopat qu'il adopte ces habitudes administratives qu'il conservera toujours, et qui doivent être louées à cause de leur excellence.

Indépendance de ses décisions et de ses actes d'Évêque.

(*) Saint-Vincent-de-Paul.

(**) En 1827.

Il ne comprendra jamais un choix, un placement, un changement, déterminés par les sollicitations. Dieu, sa conscience, les hommes de sa confiance et de son conseil, voilà ses lumières et ses guides.

Attachement profond à ses prêtres. Les prêtres peuvent avoir des ennemis ; ils en ont. Comment n'en auraient-ils pas dans un monde qu'ils combattent et reprennent sans cesse ? Or, malheur aux prêtres dont l'Évêque, trop accessible aux rapports, trop facile à prévenir, consent à juger sur des témoignages souvent hostiles, et condamne avec une rapidité toujours fatale ! Mgr Bernet ne le fera pas : il sera le défenseur de ses prêtres ; et s'ils ont quelquefois besoin des avis de son autorité, ils peuvent toujours compter sur l'appui de sa protection.

Esprit apostolique à l'exclusion de tout esprit humain. Vous allez me comprendre. Un jour la France s'émeut au bruit d'une nouvelle révolution : et l'Évêque de La Rochelle prouve que la vraie foi a des inspirations pour les temps critiques ; et, ministre d'un royaume dont les destinées ne sont point terrestres, il laisse passer les clameurs des hommes, n'écoutant que le cri des ames et ne s'occupant que de leurs besoins.

De florissantes maisons religieuses qu'il a établies pour l'éducation de la jeunesse ; la fondation d'un petit-séminaire ; la construction d'un grand-séminaire qui peut être nommé parmi les plus beaux de France ; l'empressement avec lequel sont accueillis des réglements liturgiques émanés de sa sagesse : ce sont là pour son cœur autant de puissants motifs de rester inséparable de ce premier siége. Aussi avait-il déjà refusé le titre d'Archevêque. Sa volonté à lui était de ne point briser les liens qui l'unissaient à l'Église de La Rochelle comme à une épouse bien aimée. Il n'est point rare que nous ayons à admirer dans les rangs de l'épiscopat français de beaux exemples de cette inviolable fidélité. Mais la divine Providence, qui voulait à Aix Mgr Bernet, suscita, contre les projets de son cœur, des conseils, des instances auxquels il ne pouvait résister (*).

(*) En 1835.

Et c'est peut-être ici le lieu de citer textuellement quelques paroles extraites du testament de l'illustre défunt. « J'ai la « consolation, dit-il, de me rendre à moi-même le témoignage « de n'avoir jamais rien fait directement ni indirectement, « de vive voix ou par écrit, pour parvenir aux différents « postes où l'Église m'a fait l'honneur de m'élever. » M. F., est-on jamais plus sincère et plus vrai qu'en dictant son testament, ce solennel adieu à la vie ?

Ah ! pour solliciter les grands titres, il savait trop qu'ils multiplient les devoirs, bien loin d'en alléger le poids. Nous l'avons entendu, vous vous en souvenez, Mes Vénérables Confrères, dire que l'autorité épiscopale est pesante à porter, et que ce n'est pas sans raison que l'on donne aux postes élevés le nom de *charges* qui signifie *fardeaux*.

Et certes, on ne doute point qu'en parlant ainsi il n'exprimât naïvement sa pensée habituelle, quand on sait avec quelle incessance il s'occupait des choses de son diocèse. C'était une de ces ames incapables de se préoccuper mollement d'une affaire. A ses yeux, rien de petit, rien d'insignifiant dans les mille détails de l'administration diocésaine. Doué d'une forte mémoire et d'un esprit d'ordre respectable jusques dans des arrangements qui ne plaisent pas toujours, il pense à tout et ne perd rien de vue. Chose remarquable ! les années, qui finissent par affaiblir tout l'homme, pourront altérer quelques-uns de ses souvenirs : elles ne pourront rien sur les souvenirs qui intéressent son administration ; et il portera jusqu'au tombeau *la sollicitude de toutes les Églises* dont il est le premier pasteur.

Nommons rapidement quelques œuvres de son zèle au milieu de nous. Jaloux de voir la discipline canonique conserver son énergie et son action, il nous donne un code de statuts où la plus sage modération se joint à l'exactitude la plus parfaite.

Dans l'intérêt de la science sacerdotale, il établit les Conférences ecclésiastiques : institution si justement regardée partout comme l'une des plus utiles créations de la main d'un Évêque.

A l'exemple d'un Charles Borromée, il conçoit le projet de

faire renaître les conciles provinciaux ; et il en essaie la réalisation en réunissant dans son palais tous les Évêques de sa province.

Enfin, voulant nourrir le troupeau et le préserver du mal en même temps qu'il pourvoit aux besoins des pasteurs, il publie une ordonnance qui fonde et régularise dans tout le diocèse l'*Œuvre* si salutaire *des bons livres*.

D'une complexion sensiblement affaiblie, sacrifia-t-il jamais l'intérêt des ames à l'intérêt de sa santé, de sa vie même? Ne l'avons-nous pas vu, esclave de sa promesse et ami passionné de l'ordre, partir pour ses visites pastorales, malgré des vents impétueux et glacés, ou sous des torrents de pluie ? Ne le vîtes - vous pas , un jour, accourir du fond du diocèse dans sa ville épiscopale que la contagion envahissait et que l'épouvante rendait déserte ? Et ce n'était pas la première fois qu'il bravait, pour le salut des fidèles, les fureurs de ce fléau. Déjà, à La Rochelle, on l'avait vu dans l'hospice des cholériques, s'approcher de tous les malades avec des paroles de consolations. On l'avait vu parcourir à-pied toutes les rues d'une ville, entrer dans toutes les maisons affligées, et ranimer le courage par sa présence et par ses dons. On l'avait vu, en un jour d'orage et contre l'avis des matelots effrayés, traverser un bras de mer pour aller visiter les cholériques de l'île de Ré, affrontant deux grands périls à la fois.

Il savait secourir largement des besoins réels et qui lui étaient constatés. Vous souvient-il qu'à deux mémorables époques de calamité publique (*) il ouvrit des souscriptions par des dons généreux? N'avait-il pas cédé à la caisse diocésaine une ressource annuelle qui n'a pas encore tari (**)? La caisse capitulaire ne reçoit-elle pas depuis dix ans, et ne recevra-t-elle pas à perpétuité le produit d'une vaste maison achetée par lui et payée de ses deniers? N'a - t - il pas désigné parmi ses principaux légataires l'Église de la Métropole, et les deux séminaires, et les pauvres de toute la ville ?

(*) Le choléra et les inondations.

(**) Tout le produit de son Catéchisme.

S'il refusait à une indigence douteuse de légères aumônes, c'était, nous le savons, pour en offrir de plus abondantes à de véritables infortunes. Ici, c'est une maison dont on lui expose les malheurs, et dont il fait cesser la détresse par l'offrande spontanée d'une somme considérable. Là, c'est un jeune soldat qu'à grands frais il rachète de l'armée pour le rendre à ses parents désolés. Et autrefois, c'était, à Paris, de nobles familles que les révolutions avaient appauvries et dont il secourait l'auguste pauvreté par des pensions réglées. C'était, à la Rochelle, de nombreux ouvriers qui dûrent longtemps à ses soins travail et subsistance. Enfin, une lettre d'action de grâces, révélant un acte généreux et souvent répété de sa charité, lui arrivait un moment après son trépas, comme une première fleur jetée sur sa tombe. Vertueux Pontife, nous devions donc n'avoir d'autre tort à reprocher à votre bienfaisance que celui de nous avoir su cacher vos bienfaits !

Ne pensez pas cependant, M. F., qu'aveuglé par le désir de le louer, nous nous soyons dissimulé ses défauts pour ne parler que de ses qualités estimables. Nous n'ignorons point, par exemple, qu'il portait dans le fond de son caractère une fermeté qui, se traduisant quelquefois par une sorte de raideur, rendait sa parole sévère et sa volonté inflexible. Hélas ! c'était l'homme dans le Pontife. Est-il rare que les plus heureuses dispositions de l'ame soient subjuguées par les inconvénients de l'organisation où elle est emprisonnée ? Et quand il fut permis à tout homme de jeter sur son tempérament la responsabilité d'une partie de ses défauts, fut-il donc décidé que le tempérament ne serait jamais pour rien dans les habitudes d'un Pontife ?

Il était ferme ; mais la fermeté de son caractère n'ôtait rien à la bonté de son cœur ; et je sais, et beaucoup d'entre vous, ô Prêtres, savent que pour trouver en lui un tendre père, il ne fallait que savoir lui montrer un abandon et une confiance d'enfant.

Il était ferme ; et toutefois on l'a vu porter jusqu'à l'extrême générosité l'oubli des torts. « Je n'ai plus de mémoire, répon-« dait-il à la plus légère manifestation de repentir ; vous me « l'avez fait perdre aujourd'hui. »

Il était ferme ; mais si l'on ne veut pas m'autoriser à lui en faire un mérite, il faudra bien qu'au moins on m'autorise à l'en plaindre, puisque ce défaut, qui le condamnait à déplaire quelquefois, fut moins son crime que son malheur, et que son cœur assurément dut en souffrir autant que le cœur des autres.

Pourquoi, M. F., me troublé-je au moment où je dois rappeler la circonstance la plus magnifique et la plus solennelle de la vie de Mgr Bernet? Ah ! vous le devinez, et vous me permettez de ne pas anticiper.

Notre Archevêque est élevé au Cardinalat, dignité la plus haute où puisse monter un prêtre dans l'Église de Dieu après le Souverain-Pontificat ! Rome applaudit à la pensée du Pouvoir ; l'Église d'Aix, justement fière d'un tel choix, se livre à l'allégresse ; quelques passions font seules entendre leurs murmures, fruit d'une conscience trompée (*).

Des murmures ! Comme si cette nouvelle promotion de Mgr Bernet n'avait pas été justifiée par une vie assez digne d'une telle prérogative ! Comme si sa carrière de Prêtre et d'Évêque n'avait pas suffisamment appris qu'il était incapable de trahir, par une faiblesse, les intérêts de l'Église ! Comme si l'on avait pu sérieusement soupçonner qu'une foi comme la sienne laissât son cœur indifférent et froid dans sa poitrine à la vue des dangers qui menaçaient si évidemment le règne de la Religion et de la morale, et qu'il pût se taire dans une si grave occurrence, lui qui, au début de sa carrière épiscopale, disait en face à un Ministre-d'État (**) : « Mon devoir d'Évêque m'a fait protester « contre vos ordonnances » ; lui qui stupéfia un parlementaire trop fameux, en lui disant : « Vous allez à Paris : eh bien ! an- « noncez que si l'on veut nous faire la guerre, nous sommes « prêts à mourir ! » Comme si d'ailleurs il n'avait pas, un des premiers, le premier peut-être de tous les Évêques de France, et jusqu'à trois fois, porté au pied du trône, dans les termes

(*) On présumait, à tort, que Mgr. Bernet n'avait pas réclamé contre un projet de loi sur l'enseignement.

(**) Mgr. Feutrier.

les plus énergiques et avec toute l'indépendance Pontificale, des réclamations dont il nous a été permis de prendre lecture, et qui nous ont rappelé l'intrépide hardiesse, le ton saintement accusateur des premiers apologistes chrétiens ! Comme si enfin un Prélat vénéré et digne de l'être pouvait se voir contraint à sacrifier la répugnance profonde et consciencieuse qu'il professa toujours pour la publicité de ses actes, et à livrer aux jugements de la multitude une conduite dont il ne devait compte qu'à Dieu et à l'Église !

Du reste, M. F., il fallait voir avec quelle édifiante patience, dans quel silence digne et majestueux, le Cardinal Bernet entendait les plaintes que la prévention formulait contre lui, les envisageant sans doute comme des gouttes de désenchantement versées par le ciel sur les charmes de sa gloire nouvelle !

Mais bientôt la voix de l'injustice est couverte par la voix de la vérité. Le Vicaire de J.-C., dans la solennité d'un Consistoire (*), proclame hautement les vertus du nouveau Cardinal Français, ainsi que la sagesse et la force de ses réclamations auprès du Pouvoir ; et de son auguste main lui écrit une lettre où l'expression de l'éloge le dispute à la tendresse de l'affection. Et votre premier Pasteur paraît au milieu de vous dans l'éclat de cette pourpre romaine dont vous aimiez à le voir revêtu (**).

Dispensez-moi, M. F., de redire ici les joies et les enthousiasmes d'une fête que n'ont pu vous faire oublier ni l'intervalle de quelques mois, ni la perte de celui qui en était l'objet. Hélas ! le moyen de savoir parler d'un si beau jour en face de ce que la mort a de plus triste et de plus lamentable, et de décrire les pompes d'un triomphe avec une voix dont les accents ne peuvent être que douloureux ? Ah ! il convient mieux à notre douleur que nous nous hâtions de vous faire admirer les derniers jours de celui que nous pleurons.

A peine échappé aux empressements et aux honneurs par lesquels vous veniez, M. F., d'accueillir son retour, il n'entend

(*) Consistoire du 19 janvier 1846.
(**) Il entra dans Aix, revenant de Paris, le 25 mars.

plus que la voix de ses devoirs. Il part pour visiter des paroisses qui l'attendent; hélas ! et voilà que sa sollicitude pastorale a imposé à ses forces un travail qui va lui coûter la vie ; et il ne nous reviendra plus que pour mourir.

Ce sera aussi pour nous édifier par les leçons de sa mort.

Il y aura dans lui une longue lutte entre un reste de forces et la puissance du mal ; mais il n'y aura pas de lutte entre la volonté de son ame et la volonté de son Dieu. Il se soumet. Je ne sais, M. F., si vous avez remarqué que les années attachent à la vie, et que l'homme craint plus de la perdre à mesure que le terme en est plus près. Or, quand je ne vous le dirais pas, vous resteriez convaincus que le Cardinal Bernet ne pouvait présenter à la mort un visage de faiblesse. Sa vie vous rassure sur ce point ; et sans l'avoir vu mourir, vous savez comment il l'a fait. Effectivement, son courage au lit de mort n'a pas trahi sa constance habituelle. Ni la vue d'une haute dignité qui lui échappe sitôt ; ni la pensée de cette Église d'Aix qui lui est si chère et qu'il lui faut quitter ; ni le spectacle des regrets qui débordent de tous les cœurs qui l'environnent, et dont le sien doit être si profondément touché ; ni les embrassements et les larmes d'un frère dont la présence lui rappelle toute une intéressante famille qui le chérit et pour laquelle nous connaissions son affection tendre : rien ne trouble la sérénité de son ame. Déjà il a brisé tous ses liens. Tous ses sacrifices sont faits avec celui de sa vie. « Je me souviens, disait-il, que le pieux « Émery, notre Supérieur à Saint-Sulpice, nous enseignait que « nous ne pouvions rien offrir à Dieu de plus agréable que le « sacrifice de notre vie : et c'est là désormais l'objet de toute « mon application intérieure. » Et voilà pourquoi son cœur est prêt ; et tandis que tout s'empresse à retenir son existence fugitive, lui-même, convaincu que sa fin approche, se dispose à mourir, et continue néanmoins d'accepter, avec une touchante simplicité, toutes les prescriptions de la science, obéissant ainsi et à son Dieu qui l'appelle et aux hommes qui le soignent.

Cependant un jour il s'émeut. Un grand Pape vient de mourir : l'Église catholique est en deuil : qui sait si elle n'est pas en danger ? Cette idée l'afflige. Il s'oublie lui - même ; mais l'Église !... Il oublie ses propres douleurs ; mais les douleurs, mais les périls de l'Église !... Voilà la foi, M. F., voilà les effets d'une foi vive. Elle règne dans une ame comme une puissance qui l'enchaîne essentiellement aux choses de Dieu, qui l'applique aux intérêts du royaume de Jésus-Christ, et qui l'agite comme un tourment à l'approche du moindre nuage qui se lève sur l'Église.

Mais que le pieux mourant apprenne que Grégoire XVI a un successeur et le trône de l'Église un souverain : et un rayon de sainte joie brille sur ses traits. *Mon dieu*, s'écrie-t-il, *laissez maintenant votre serviteur s'en aller en paix* (1).

Dieu l'exauça : car nous pûmes, un jour, voir avec quelle paix il s'en allait. Je le vois encore ! Quel air de calme et de résignation ! Comme sa foi ranimait sa piété ! Avec quelle humble attention il recevait les paroles du digne Pontife qui l'exhortait (*) ! Avec quelle édifiante vivacité, à la vue de l'adorable Eucharistie, il leva son faible bras, et voulut, malgré ceux qui l'entouraient, découvrir sa tête souffrante ! Qu'il était vénérable ! Ah ! M. F., s'il vous avait été donné de le voir, combien le souvenir qui vous en resterait vous impressionnerait plus que mes paroles !

Quelques jours après il expirait dans les baisers du Crucifix (**).

Et maintenant le voilà, sourd à nos accents, insensible à nos larmes, lui qui naguère recevait avec une si vive émotion les hommages qui s'empressaient sur ses pas ! Qui nous eût dit alors que ces brillantes livrées dont l'Église couvre ses princes, s'effaceraient sitôt sous ces voiles lugubres ? Mon Dieu, ne l'aviez-vous donc revêtu de tant de gloire, que pour donner quelques pompes de plus à des funérailles et jeter un peu plus d'éclat sur un tombeau ?

C'est peut-être aussi, M. F., afin qu'il y eût pour nous quel-

(1) Luc. 2. 29.

(*) Mgr. Rey, ancien Évêque de Dijon.

(**) Le 5 juillet 1846.

ques instructions de plus à retirer de cette mort. Les avantages de la vie sont rares et passagers. Les avantages même les plus purs et les plus vrais, c'est toujours *un peu de miel goûté, et puis la mort.* Heureux ceux qui prouvent, en mourant, qu'ils ne s'y attachèrent pas, et que la prospérité ne leur fit jamais oublier les leçons que la sagesse de Dieu a déposées au fond des épreuves !

Prions, M. F., pour notre Pontife, afin que son ame, entièrement purifiée, soit dans le repos et la gloire de l'éternité, tandis que son corps dormira son sommeil dans ces funèbres caveaux de notre basilique, à côté des saints Pontifes qui furent nos pères et dont il a été le successeur. Je dis *nos* pères, je dis *notre* basilique, car je suis d'Aix, M. F. Laissez-moi vous le dire, quand tout en moi me l'assure. Pardonnez à mon cœur une illusion qui lui est douce ; et daignez, sur le cercueil de celui à qui je la dois, me la permettre pour toujours.

En priant pour lui, ne nous oublions point nous-mêmes. Comme le juste, vivons de la foi, afin de mourir comme le juste. Vivons de la foi, afin de mériter le bonheur de nous voir dans le ciel réunis *aux Évêques de nos âmes.*

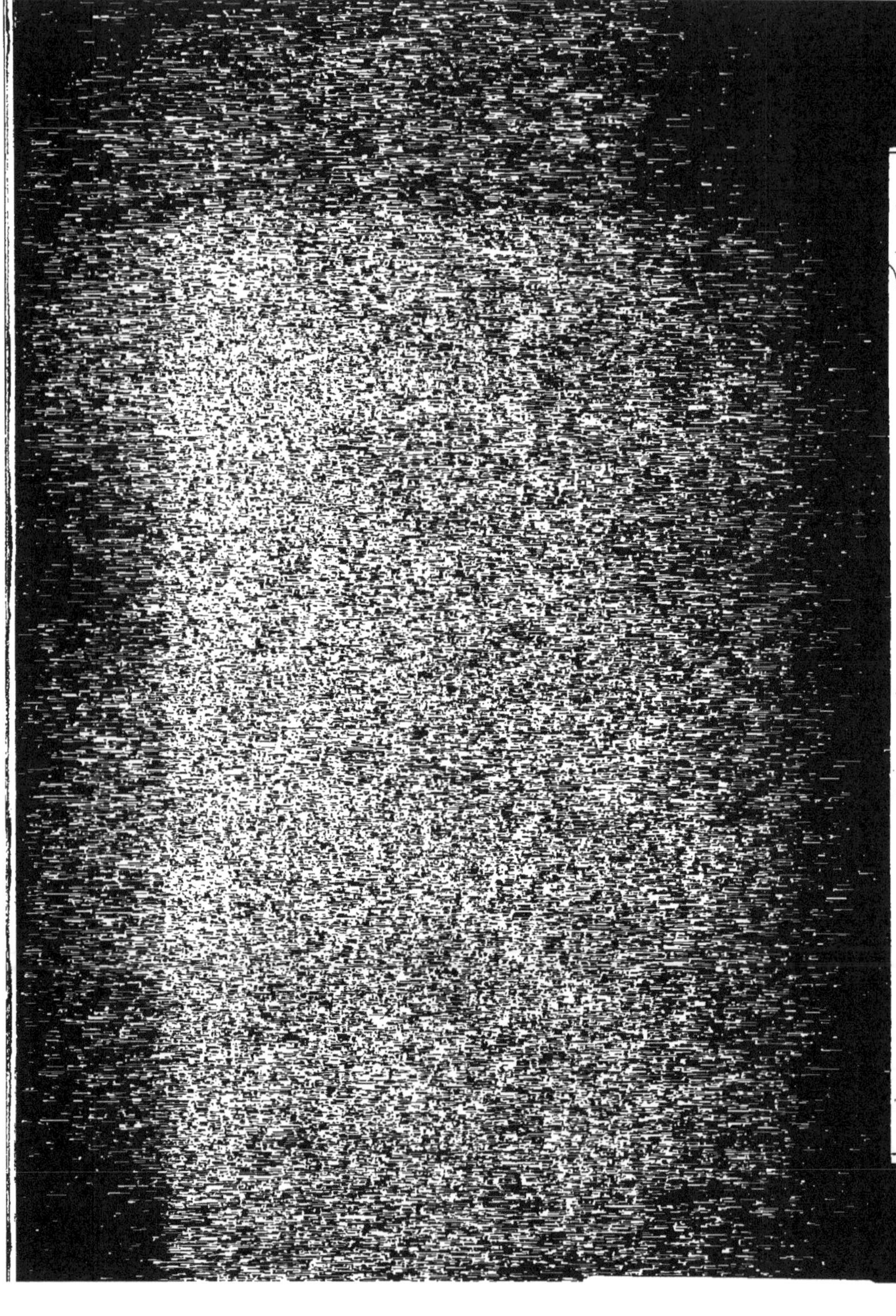

www.ingramcontent.com/pod-product-compliance
Lightning Source LLC
LaVergne TN
LVHW010310230826
846091LV00007BB/2802

* 9 7 8 2 0 1 2 3 9 9 5 3 2 *